よりよい学校をつくろう！

みんなの委員会 1

監修 **安部恭子**

児童会・学級委員・集会委員・生活委員

岩崎書店

はじめに ——読者のみなさんへ

　みなさんの学校では、どのような児童会活動をおこなっているでしょうか？児童会活動は、おもに高学年のみなさんが中心になって計画、運営をします。学校生活を楽しく豊かにするために、一人ひとりの発想を生かし、各学級、各学年が交流を深め、協力しておこなうものです。みなさんが話し合い、目標を立て、その実現のために主体的に活動することで、心がつながり、よりよい人間関係が生まれることでしょう。さらには、学校のみんなのためにはたらくよろこびを感じたり、学年の異なる人とコミュニケーションを楽しむ力が育まれたりするのではないでしょうか。

　このような児童会活動での経験は、中学校、高校の生徒会活動でもみなさんの大きな力となり、将来、学校卒業後の仕事や、地域社会の自治的な活動のなかで生かされていきます。

　この本では、児童会活動のなかの委員会活動に焦点を当て、その役割と仕事の工夫、各学校の取り組みを紹介しています。初めに委員会活動と特別活動の関係を、そして児童会、学級委員、集会委員、生活委員など、おもに学校生活のしくみを整える委員会の仕事について書かれています。自分たちの力でよりよい学校生活をつくるためのヒントになりましたらうれしいです。

　委員会活動では、みなさんが中学年、低学年のことや学校全体を考えて活動のやり方を考え、自分の役割を果たせたときに、たしかなよろこびとやりがいを感じられるはずです。自分への自信を高めるだけではなく、ほかの人の考えに耳をかたむけて、おたがいを認めて尊重することもできるようになるでしょう。その経験がやがて将来の目標や希望をもち、なりたい自分に向けてがんばることにつながっていきます。この本を活用することで、委員会活動がいっそう充実したものとなりますように願っています。

監修　**安部恭子**

帝京大学教育学部
教育文化学科教授

もくじ

はじめに … 2

委員会活動と特別活動 … 4

1. 児童会
どんなことをするの？ … 6
ほかの委員会とのつながり … 8
《たとえば》アイデアを
かたちにするには？ … 10

2. 学級委員
どんなことをするの？ … 12
学級委員になったら … 14
《たとえば》どんな学級会が
いいのかな？ … 16

3. 集会委員
どんなことをするの？ … 18
集会委員になったら … 20
《たとえば》学級集会で
何ができるかな？ … 22

4. 生活委員
どんなことをするの？ … 24
生活委員になったら … 26
《たとえば》世界の言葉で
あいさつしよう … 28

みんなの委員会活動①
福岡県田川市立大浦(おおうら)小学校
みんなの心をつなぐ
運営(うんえい)委員会 … 30

みんなの委員会活動②
東京都利島(としま)村立利島小中学校
地域(ちいき)の伝統(でんとう)を未来へ
児童・生徒会執行部(しっこうぶ) … 34

資料 … 38
さくいん … 39

この本では、小学校における児童会活動（および各委員会活動）の一部の内容(ないよう)を紹介(しょうかい)しています。学校によって、委員会の名称(めいしょう)、しくみ、活動内容は異なることがあります。

委員会活動と特別活動

よりよい学校生活のために

　みんなが学校で過ごしている時間について考えてみよう。朝は友だちや先生にあいさつをして、授業では教科書を読んだり、作文や練習問題に取り組んだり、テストを受けて勉強をする。お昼は給食を食べて、休み時間には外遊びや委員会の仕事をする。

　学校行事では運動会、学芸会などがあり、お楽しみ会、そうじなどの学級活動もある。クラブ活動ではサッカー、野球、卓球、ダンス、手話、読書、プログラミングなどを楽しめる。さまざまな児童会活動（委員会活動）の仕事もある。これらはすべて、みんなの「学校生活」だ。

みんなの力になる特別活動

　学校生活では、勉強（教科）の知識だけではなく「特別活動」という授業で学べることがたくさんある。特別活動は、おもに次の4つの種類に分けられる。

特別活動

① 学級活動　② 児童会活動（委員会活動）
③ クラブ活動　④ 学校行事
↓
よりよい学級や学校の生活をつくるためにみんなで協力して実現する活動

➡ 学校行事、クラブ活動については、②巻、③巻も見てね！

特別活動と児童会のしくみ

　この本では、特別活動の中の児童会活動、特に委員会活動について紹介するよ。委員会は、みんなの学校生活の中で大切な仕事を担っている。これまでクラスの係を決めてみんなで仕事を分担してきたように、高学年では各委員会に分かれて、ほかのクラスやほかの学年の人と協力して話し合い、学校全体のための仕事をする。学校生活のための専門の仕事をする「委員会」は、「特別活動」の中の「児童会」の内容のことだよ。

委員会活動のポイント

　委員会活動では、よりよい活動をおこなうため、おもに次の4点を大切にしよう。

- みんなの意見を聞く
- アイデアを出し合う
- 役割分担を話し合う
- ふり返りをする

困ったときは、先生や友だちに相談しよう。たとえ失敗しても、みんなでよく話し合い、協力して考えることは、かならず次に役立つ経験になる。

➡ 先生や、まわりの大人にも聞いてみよう！　何の委員をしてたのかな？

　みんなはいつか、小学校を卒業して中学校に進み、やがていろいろな経験をへて仕事を始め、だれかと共に活動する社会の一員になる。そのとき、きっと委員会活動の経験が大きな力となってみんなの心の中に思い浮かぶはずだ。

委員会活動は、特別な活動。ゆたかな時間を与えてくれますように！

1. 児童会

児童会の会員は、小学校の児童全員だよ

どんなことをするの？

[児童会は、みんなの学校生活をよりよくするために活動をする組織。学級委員と各委員会の委員長が集まって話し合う代表委員会、各委員会が中心になって、いろいろな仕事をする。
　児童会では、おもに次の4点を大切にして活動しているよ。]

- みんなの学校生活を楽しくする
- それぞれの委員会の仕事をまとめる
- 学校のある地域のための活動をする
- 学校内外でよく学び、よく遊べるようにする

学校生活のまとめ役

　みんなの学級生活は、国語や算数などの教科の学習のほかに、給食の準備をしたり、教室をそうじしたり、掲示コーナーを整えたり、自分たちのクラスのためにいろいろな仕事をして成り立っている。
　学校生活でも、それぞれの委員会が学校のための仕事をしている。安全にできているか、困ったことはないか、みんなが楽しく過ごせるように活動するのが児童会だよ。

大事な仕事をしているね！

● 児童会の委員とは？

児童会の構成は？

　一人ひとりが児童会の一員だ。児童会のほとんどの活動では、1年生から6年生まで全員が関わる。その中心の組織として「代表委員会」がある。学校によって「学級委員会」「運営委員会」「企画委員会」「総務委員会」などの名前で呼ばれている。おもに5、6年生の高学年が活動しているよ。

　ただし、学校によって代表委員会ではなく「児童会運営委員会」を中心に設けて、会長を1人、副会長を2人、書記を2人というように選ぶこともあり、中学校、高校はこちらのほうが多い。

委員の役割と大切なこと

　児童会の中心となってはたらくのが各クラスの学級委員。選ばれ方や任期は学校によって異なるけれど、おもに自らの立候補、学年の持ち上がりなど、話し合いをして決めることが多い。たとえば「5年生の9月に学級委員になる → 代表委員会の書記を経験 → 6年生の4月に代表委員会の副委員長になる」ということもある。

　代表委員会では、委員長が1人、副委員長が2人、書記が2人などを決めることが多い。役職についても、そうでなくても、全員で協力して活動しよう。

● 委員会の代表の仕事

　児童会の中心となる代表委員会のほかに、いくつかの専門の仕事をおこなう各委員会がある。各委員会の委員長は、代表委員会に参加して、各委員会の活動を報告したり、学校全体の問題として解決したほうがよいことや、工夫したほうがよい活動などを話し合ったりする。

➡ **ところで、児童会は委員会とどんなふうにつながっているのかな？**

次のページへ！

7

ほかの委員会とのつながり

児童会活動は、代表委員会を中心に、各委員会の活動をまとめたもの。下の図を参考にして、自分たちの学校生活が、それぞれの委員会の仕事によって、どのようにつくられているのかを確かめてみよう。

おたがいに協力して活動しよう！

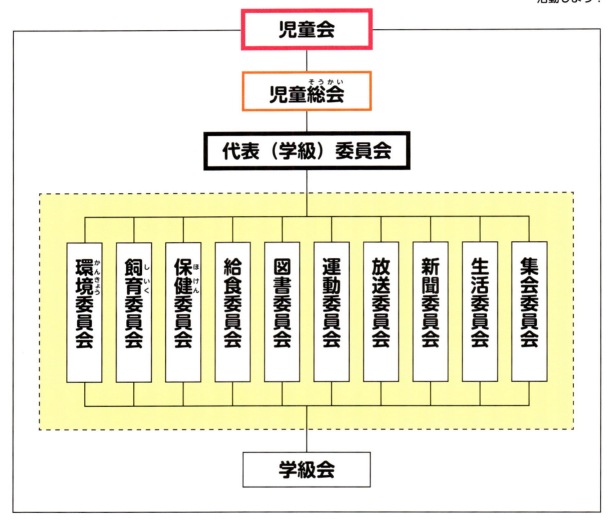

●児童総会について

児童会活動の大切なことを決めるための集会として、児童総会がおこなわれている学校もある。その場合、1年に2回の「定例児童総会」、必要なときにおこなう「臨時児童総会」がある。

児童総会に参加するのは、4年生以上という学校も多い。ただし、学年の終わりの時期には3年生も参加することがある。上の学年、下の学年をつなぐ活動の1つだよ。

●児童会と学校全員のつながり

児童会のしくみは、学級の一人ひとりの意見が学校全体に伝わるようにつくられている。

① 学級会での話し合いや出された意見　→　各委員会に報告
② 各委員会で①について話し合う　→　代表委員会に報告
③ 代表委員会で②について話し合う　→　全校集会、児童総会などで発表・報告

児童会の委員会活動では、一人ひとりのアイデアが、よりよい学校をつくるための力になる。

おもな児童会のしくみ

- **児童会**
  児童全員で構成。代表委員会と各委員会が設置されている。

- **代表委員会**
  5年生、6年生の各クラスから1、2名ずつ選ばれる（4年生から参加している学校もある）。学校によって「学級委員会」「運営委員会」などと呼ばれることもある。
  ➡ ほかの委員会の委員長も参加する。

- **それぞれの委員会**
  委員会は、5年生、6年生の各クラスの全員が各委員会に分かれて活動する。
  ➡ 委員会活動は、先生にアドバイスをもらうこともある。
  ➡ 委員会では、委員長1人、副委員長2人、書記2人などを決める。

- **各クラスの学級会**
  一人ひとりが意見を出して、話し合う。その結果を委員会で話し合う。

➡ 次は、児童会の仕事を学校のみんなにお知らせしよう！

どんなアイデアがあるかな？

《たとえば》アイデアをかたちにするには？

　毎日の学校生活の中で、児童会活動はたくさんおこなわれている。でも、一人ひとりは自分の仕事に一生けん命なので、なかなか気がつかないことも多いかもしれない。
　ここでは、児童会活動を学校のみんなにお知らせするためのアイデアを紹介するよ。アイデアをかたちにするために、どんな方法があるのか考えよう。

●学校のみんなに呼びかけよう

アイデア 1

校内放送にチャレンジしよう！

⇒ **楽しい放送タイトルを考えよう！**
「わくわく児童会コーナー」
「なかよしチャンネル児童会」など

⇒ **各委員にインタビューしよう！**
今、進めている活動についてトークをする
○○委員×□□委員の質問タイムをつくる

⇒ **放送委員と協力しよう！**
毎週、曜日と時間を決める

アイデア 2

通信「児童会だより」を工夫しよう！

⇒ **各委員会のニュースを書こう！**
委員会活動のエピソードをレポートする
よかったこと、がんばったことを伝える

⇒ **先生にインタビューしよう！**
○○小のすてきなところは？
委員会へのメッセージをもらおう！

⇒ **新聞委員と協力しよう！**
みんなの活動をつなぐ内容にしよう！

●アイデアを実行したあとは？

児童会活動のチャレンジ
ふりかえりカード ○年○月○日

| 年　組　名前 |

① チャレンジしたこと

② 目的・目標

③ チャレンジしたあとのコメント
　➡ よかったこと
　➡ 次回こうしたらもっとよくなる？
　➡ 新しいアイデアとして

④ まとめの意見

先生にも見てもらおう！

ふり返りをしよう

児童会活動は、代表委員会活動、各委員会活動、代表委員が企画する児童会集会活動がある。

児童会活動の中で大切なことの１つは、アイデアを話し合い、実際にチャレンジした活動のあとにふり返りをすること。そのために、ぜひ自分たちの「ふりかえりカード」をつくろう。

みんなの活動をつないでいこう

ふり返りカードを書くと、自分自身が努力したことや、その成果をたしかめることができる。みんなのカードを集め、おたがいに確認することで、一人ひとりの活動への思いを知ることもできる。

カードより大きなノートなどを使って、書く項目を工夫することもおすすめだよ。

先生からひとこと

学校をよりよくするために、児童会の役割を考えましょう。みんなが学校生活を楽しめること、それがいちばんです！

まとめメモ

● 児童会活動は、代表委員会、各委員会の活動をまとめたもの
● 楽しい学校をつくるために学年をこえて活動をする

11

2. 学級委員

学級委員は、クラスのみんなを見守り、ささえてくれる人

どんなことをするの？

[学級委員は、クラスの意見をまとめたり、学校全体のことを話し合ったり、みんなの学校生活をささえる活動をしている。]

[みんなのことを気にかけて、考えているやさしい「縁の下の力持ち」。話し合いをとおして、みんなの思いをつなぐ、やりがいのある仕事だ。]

　学級委員の役割は、クラスのみんな一人ひとりが気持ちよく過ごせるために活動すること。クラスを代表して、自分たちの手でよりよい学校をつくるための仕事をしているよ。

　学級委員という呼び方は、学校によっては「代表委員」「運営委員」などいろいろな場合がある。学級委員がいない制度の学校では、学校行事や児童会集会活動ごとに実行委員を選んだり、係を決めたりしているよ。

●学級委員会に参加する

学級委員の選び方

　学級委員は、1クラスで2人ずつ選ぶことが多い。選び方は学校によって異なり、立候補を呼びかけたり、ほかの人からの推せんを集めたりしている。

　各クラスの学級委員と、各委員会の委員長が集まる委員会は、7ページで紹介したように「代表委員会」「学級委員会」などと呼ばれる。この委員会は、児童会の仕事の1つだよ。

みんなの頼りになる存在

　学級委員は、学校全体に関わる児童会、各委員会とクラスをつなぐ役割を果たしている。クラス内では、先生との連絡役や、児童会からおりてきた議題の学級委員会（代表委員会）に参加したりする。委員や係などを選ぶ学級会を取りまとめる仕事もある。

　クラスのみんなに呼びかけたり、先生と話したりなど、話し合いに参加することも多い。たくさんの人と関わり、全体のようすを見ることで、楽しい学校生活をささえる中心になる存在だ。

●学級会をサポートする

　運動会や発表会などの学校行事では、放送係、用具係など、いろいろな人が仕事をしなくてはいけない。学校によって、委員会で分担していることもある。

　このような仕事の分担を決めるときは、クラスごとに「学級会」をおこなう。学級会の司会グループはみんなで順番に担当するので、学級委員がサポートすることもあるよ。

➡ 学級委員にとって大切なことは何だろう？

みんなのために
何ができるかな？

学級委員になったら

学級委員は、クラスの代表としていろいろな仕事をしている。さらに、高学年として、下の学年のことも考えながら、学校全体のことを話し合う役目もある。

学級委員の仕事で大切なことは、大きく5つに分けられるよ。

どれも大切なことだね！

- クラスでの「決めること＝議題」を考えるときのサポート役になる
- 学級委員会（代表委員会）に参加し、学校全体とクラスの活動をつなぐ
- 先生との連絡役(れんらくやく)になる
- クラスのみんなのことを考える
- 児童会集会活動（1年生をむかえる会や、なかよし集会など）を企画(きかく)する

●教室に「なんでも相談ポスト」をおこう

上の5つの仕事の中で、特に大切なのは「学校全体とクラスの活動をつなぐ」こと。

「つなぐ」とは、よりよい学校づくりのために、クラスのみんなの意見をまとめ、アイデアを実行していくためにはたらくこと。

その方法の1つとして、たとえば教室に「なんでも相談ポスト」をおくのもいいね。そして「だれでも気になることがあれば手紙を書いて入れてください」、と提案(ていあん)してみよう。このポストは、「学級会の議題ポスト」としても役立つよ。手紙は大切な意見として集めていこう。

●クラスのみんなと学校をつなぐ

「なんでも相談ポスト」に手紙が入っていたら、まずは学級委員と担任の先生といっしょによく読んでみよう。クラス全体に関わることがあれば、学級会で話し合う議題の候補にすることができる。

もし「算数がむずかしい」「宿題が多くて終わらない」「学校がつまらない」など個人的な悩みごとが書いてあったら、先生から話をしてもらおう。

➡ ところで、学級会は、どんなふうに進めたらいいのかな？

《たとえば》どんな学級会がいいのかな？

　学級会では、クラスの活動について話し合いをする。教科の授業のように先生が話をするのではなく、クラスのみんなが中心になって考える時間だ。学級委員は司会グループと集まって、学級会の進め方について相談をしよう。

　司会グループは、司会、黒板記録、ノート記録で構成する。クラスのみんなの中から順番に担当するよ。

●学級会で「各委員を決める」ポイント

たとえば、各委員会の委員を話し合って決めるときには、こんなことができるよ。

① **準備 ～「計画」ミーティングをする**
（参加する人：司会グループ ＋ 先生）
- ➡ 議題は何か？………………クラスの各委員を決める
- ➡ 提案理由は？………………新学期がスタートしたから、決める必要がある
- ➡ どんな話し合いをする？…立候補、または推せんの声を集める
- ➡ 話し合いの注意点は？……時間内にできるか？　事前にお知らせしておく？
- ☆ポイント　議題は、教室の掲示コーナーに貼っておこう
- ⇨ 「学級会の計画」決定！

② **本番 ～「学級会」をする**
（参加する人：司会グループ、クラスのみんな ＋ 先生）
- ➡ 議題を提案する……「クラスの各委員を決定する」学級会をしたい
- ➡ 提案理由を説明して、賛成、反対を聞く
- ☆ポイント　反対意見や提案があれば、理由を記録して次回からの議題候補にする
- ➡ 話し合いをする……各委員の仕事の確認。立候補、推せんする人の意見を聞く
- ☆ポイント　司会は、時間内に決まるように、積極的に発言をうながす
- ⇨ クラスの各委員を決定！　先生の話のあと、学級会を閉会する

●学級会で決まったことは？

まとめのポスターをつくろう

学級会で決まったことは、ポスターをつくってお知らせしよう。たとえば学級会で委員を選び終わったあとは、ノート記録を見ながらおもな内容を書き出し、朝の会、帰りの会などで報告しよう。

学級委員が報告すると、次の学級会での話し合いがスムーズになる。ポスターは教室の掲示コーナーに貼って、終わったものはファイルにまとめておこう。次の委員への引き継ぎに役立つ資料になる。

ポスターの便利な活用法

学級会のポスターは、内容の報告のほかにも便利な活用法がある。たとえば、次の学級会の前に、「予告版」として司会グループと一緒に新しいポスターをつくってみよう。

「議題の候補」をいくつか書いておき、みんなが興味のあることにマルを付けてもらったり、コメントを書いてもらったりもできる。いろいろなアイデアを出して楽しいポスターをつくろう。

先生からひとこと

学級委員は、一人ひとりの意見を大切に考えることが仕事。自分の意見をもちながら、話し合いでは、みんなの声によく耳をかたむけましょう。

まとめメモ
- 学級委員は、クラスの代表
- 学級会の準備・本番のサポートをする
- みんなのことを考える

3. 集会委員

集会委員は、楽しい時間をつくりあげる発明家だ

どんなことをするの？

集会委員は、学年をこえておこなう集会や、学校全体で楽しむ集会に関わる活動をする。
学校のみんながなかよくなれるようなゲームや、1年生から6年生までの交流など、学年をこえてできる集会を考えるのが仕事だ。みんなの笑顔があふれる集会にしよう。

集会委員は、多くの場合、学期に1回、児童会活動の時間として集会を企画する。学校によって、これを「児童集会」と呼ぶこともある。

集会にはいろいろな種類がある。学年の初めになかよくなれるきっかけをつくったり、季節の行事を楽しんだりするものなど。

「これからよろしくねクイズ集会」「星に願いを七夕集会」「全校なかよし集会」のように、みんなが楽しめるような集会の名前を考えるのもおすすめ。集会では、司会、進行も集会委員がおこなうので、やりがいのある仕事だよ。

●学年をこえた交流を

集会委員の役割

　集会委員は、みんながなかよくなれる時間と場所をつくる、という活動をする。低学年、中学年、高学年など学年別に交流する集会、全校のみんなで集まってきずなを深める集会など、いろいろなアイデアを出して企画をする。

　委員会の話し合いでは、みんなで楽しめることは何か、みんなが好きなことは何かを考えよう。

活動計画を話し合う

　集会委員は、たいてい本番の2か月ほど前から、委員会で次の集会について話し合うことが多い。委員長、副委員長を中心に、委員会ノートや引き継ぎ資料を参考にして、必要な準備やほかの委員との協力、コラボ企画について新しいアイデアを出し合おう。

　運動系のレクリエーションや、文化系の出し物など、活動計画にそって考えてみよう。

●ロング集会とショート集会

　集会は、長い時間をかけて楽しむもの（ロング集会）、短い時間にできるもの（ショート集会）の2種類に分けられる。ロング集会は1時間、ショート集会は朝の時間におこなうことが多い。

　ロング集会は、おもに学校行事として「〇〇小なかよし祭り」「6年生をおくる会」などがおこなわれる。ショート集会は、「運動会テーマ発表会」「新しい先生を紹介する会」などが考えられるよ。

➡ **どんな方法で準備を進めたらいいのかな？**

みんなで話し合おう！

集会委員になったら

　集会をおこなうには、準備から本番まで、どのように活動していくといいのかな？下の図のように、集会委員は①どんな集会を、②何のために、③いつ、④どこで、⑤だれと、おこなうのかというポイントを考えるのが仕事だよ。

　集会委員会だけでなく、関係する委員会や、担任の先生といっしょに話し合うことも大切だ。

集会のために話し合うポイント

① どんな集会？
　― 体を動かすレクか、出し物や発表か
② 何のために？
　― おたがいの交流を深めるためか
　― 各委員会、学習の発表などのためか
③ いつ？（月・日・時間割）
　― 行事予定を確かめる
④ どこで？
　― グラウンドか、体育館か
⑤ だれと？
　― ペアか、学年別（たて割り班）か、全校か

●集会のための場所と時間を決めよう

たとえば、上の図に合わせて「１年生をむかえる会」を考えてみよう。

① 「１年生をむかえる会」で、出し物や発表をする
　開会の言葉から閉会の言葉まで、内容を考える
② 入学した新１年生を全校であたたかくむかえて、学校に親しんでもらうため
③ ４月の最初の週
④ 体育館
⑤ ２年生から６年生までのみんなが協力する

このように、ほかの集会でも同じように①〜⑤を考え、内容を決めていこう。

●季節と集会のつながりを考えよう

集会の内容を考えるときに、大切なことは何かな？　答えは、季節。季節の行事をよく考えて、アイデアを出し合っていこう。

準備も本番も楽しいよ！

春　1年生をむかえる会をしよう。新しい先生を紹介(しょうかい)する会をしよう。
夏　七夕集会で、願いごとを短冊(たんざく)に書こう。七夕伝説や星座(せいざ)を紹介しよう。
秋　音楽会、スポーツ集会、レクなどを楽しもう。
冬　寒さに負けずがんばろう集会をしよう。6年生を送る会をしよう。

1年間の集会の案を見てみよう。オリジナルの集会を考えることもおすすめだよ。

1年間の集会プラン案

4月	よろしくねの会　委員会紹介集会　1年生をむかえる会
5月	この先生はだれかなクイズ集会　長なわとび集会
6月	虫歯予防(よぼう)クイズ集会　校内オリエンテーリング集会
7月	夏休み計画発表の会　七夕集会
9月	みんなで歌おうの会
10月	読書を楽しもう集会　ハロウィン集会
11月	ドッジボール集会　創立(そうりつ)記念集会
12月	寒さに負けずがんばろう集会
1月	給食ビンゴ集会
2月	季節の行事クイズ集会
3月	1年間ありがとう集会　6年生を送る会

➡　次は、具体的な集会について考えてみよう。

《たとえば》
学級集会で何ができるかな？

　集会は、みんなの心をつなぐ楽しい時間。「心をつなぐ」とは、どういうことかな？それは、みんながおたがいのことをよく理解して、思いやりをもって交流すること。心がつながり、友だちの輪が広がるように、ここでは集会委員が企画する学級集会を考えてみよう。

●「〇年〇組ありがとう集会」をしよう！

集会の準備と内容の例

① 教室に「ありがとうボックス」をつくっておく
② クラス全員分の「ありがとうカード」を用意する
　→　書いた人の名前は書かなくてOK
③ 一人ひとり全員にあたるようにカードを書く
　→　カードをボックスに入れる。集会委員が回収する
④ 「〇年〇組ありがとう集会」で全員1枚のカードを読む
　→　一人ずつ感想を言う。みんなで拍手する
⑤ 最後にみんなでクイズやゲームをする

学校生活で「ありがとう」と思ったことを書こう

だいじょうぶ？　保健室にいこう！

けがをしたかもしれない。ありがとう！

きれいな絵だね！

ありがとう。うれしい！　〇〇さんも上手だよ！

　集会では、みんなのことだけではなく、自分のことも知ることができる。おたがいに好きなことや、得意なことを知ることで、学校行事や授業での班行動などでも楽しい時間が増えていく。ありがとうの気持ちを大切にしていこう。

●新しいつながりを大切に

気づいたことを話し合おう

集会委員は、たくさんの人数でできることを考えることが多い。ただ、みんなが集会の出し物やゲームなどを楽しんでいるのか、不安になることもあるかもしれない。

そんなときは、集会委員が考えていることと、ほかの人たちが求めていることをよく見直して、先生にも相談しよう。1つの集会が終わったあとは、集会委員は一人ひとり、ふり返りカードを書こう。集会委員会では、それぞれ気づいたことを話し合うのがおすすめだよ。

みんなの力を育む集会

集会には、みんなが過ごしている学校にどんな人がいて、どんなふうに自分とちがっているのかを知る機会もあふれている。

その経験は、みんなが生きていくために必要な力を育んでくれる。集会委員は、人と人の新しいつながりを与えるすばらしい仕事をしているよ。

```
集会委員ノート用のメモ
―――――――――――――――
〇年〇月〇日　〇年〇組　名前〇〇
―――――――――――――――
・集会のふりかえり

・よかったこと

・気づいたこと

・次回に向けておこないたいこと

・今日の委員会のまとめ
```

先生からひとこと

集会は、ふだんの授業では知ることのできないみんなの魅力がわかる楽しい機会ですね。
新しい発見がたくさんありますように！

まとめメモ
- 集会は友だちの輪が広がるチャンス
- 集会委員は笑顔をつなぐプロフェッショナル
- いろいろなアイデアを試してみよう

4. 生活委員

生活委員は、学校生活を整えてみんなを助けてくれる人

どんなことをするの？

[　生活委員は、みんなが安心、安全に学校生活を送ることができるように考えて活動をするよ。
　よりよい学校生活のために、生活目標や、みんなのために必要なきまりなどを話し合うのが仕事だ。
　みんなが元気にのびのび過ごせるようにアイデアを出し合おう。]

　みんなが学校の内外で、あいさつをしたり、時間を守ったりすることを学び、毎日楽しく過ごすことができるのは、生活のマナーが守られているから。みんなのことを考えてつくられたきまりや、めあて、目標に対して、一人ひとりが意識できるようにすることが大切だよ。
　代表委員会で、こうした活動をしている学校も多いよ。みんなの活動が安全でスムーズに進められるように考えていこう。

● 生活目標を考えよう

学校全体の取り組みとして

学校の生活目標は、どんなふうに考えるのかな？生活委員会では、これまでの活動を見直したり、委員会ノートを参考にしたりして、新しい呼びかけができるように話し合う。

目標とすることは、何のために必要なのか、委員会の担当の先生と相談して、みんなが明るい気持ちで取り組むことができるように工夫しよう。

みんなの目標を達成するために

クラスの生活目標を話し合うときは、学校全体の目標につながることを考えよう。

もし学校の生活目標が「ＳＤＧｓで学校をきれいにしよう」の場合は、たとえば「リサイクル活動を活発にしよう」「ごみの分別をきちんとしよう」などが考えられる。みんなの意見をよくきいて、先生のアドバイスも大切にしよう。

● 呼びかけの方法を考えよう

生活目標の呼びかけをするためには、いろいろな方法がある。

- 朝の登校時、下校の時間に校内放送をする
- たくさんの人が集まる場所にポスターを貼る
- 学年の生活委員が交替で各クラスをまわって、給食の時間などに呼びかける

みんなが楽しく取り組めるように、呼びかけ用の短い劇のシナリオをつくったり、紙芝居をつくったりすることもおすすめだよ。

➡ **学校のきまりや生活目標について、もう少しくわしく見てみよう！**

みんなのために何ができるかな？

生活委員になったら

　生活委員の委員会活動では、「みんなが楽しいと思える学校にしたい！　そのためにはどうしたらいいのかな？」と考えることが大事だよ。
　「○○は悪い」「○○をしていない」など、決まりが守られているかどうかだけを気にしていると、目標や決まりをつくった目的を見失うこともある。自分たちがめざしていることは何か、落ちついて考えていこう。

生活委員の仕事のキーワード

　生活委員がおこなう仕事を考えるときには、おもに「安心」「安全」と、それに関わる言葉がキーワードになる。学校生活を整えるために欠かせないものだ。

どれも大切なことだね！

生活委員の仕事のキーワード

- 元気なあいさつ
- きれいな学校
- 授業(じゅぎょう)がはじまる
- みんながなかよし
- 時間が守られている
- 整理整とんされている
- 順番が守られている
- ろう下は歩く
- 階段(かいだん)はゆっくり上り下り
- 先生がいる

安心　**安全**

　学校のみんなで、楽しく学び（安心）、けがをせずに気持ちよく（安全）、学校生活を送ることができるように、活動を工夫して考えていこう。

●学校生活が整うポイントを考えよう

みんなの「安心」「安全」な学校生活は、どんな取り組みによって守られているのかな？　できることは何だろう？　ここでは４つのポイントから、具体的な行動を考えてみよう。

① 笑顔であいさつをしよう！
みんなとなかよくなろう！

➡ 毎日の学校生活が楽しくなるよ！

② ろう下を走らないようにしよう！
階段はゆっくり上り下りしよう！

➡ もしもけがをしたら大変だよ！

③ 学校をきれいにしよう！
整理整とんをしよう！

➡ みんなで気持ちよく過ごせるよ！

④ 時間を守って行動しよう！
いろいろな順番を守ろう！

➡ 授業や校内活動がスムーズになるよ！

もしも「これって必要なきまりかな？」と疑問に思うことがあったら、教室の「なんでも相談ポスト」を活用しよう（→14ページを見てね）。代表委員会の議題になるかもしれない。

➡ **さて、次は「みんながにこにこ笑顔になる」活動を考えよう！**

《たとえば》
世界の言葉であいさつしよう

生活委員の代表的な活動の1つに「あいさつ運動」がある。あいさつは「あなたに会えてうれしいです」という気持ちを伝えてくれる大切なコミュニケーションの第一歩。学校生活ではもちろん、さまざまな国や地域の人たちとのつながりをゆたかにしてくれるはずだよ。

大きな声であいさつしよう！

●笑顔が生まれる「おはようございます」

みんなの学校には、外国にルーツのある人がいるかな？　いつか行ってみたい地域や外国はあるかな？　ぜひ外国語の朝のあいさつを覚えて、話しかけてみよう。「おはようございます」は、みんなの笑顔のはじまりだよ。

英語　Good morning.　グッド モーニング

中国語　早上好。　ザオシャンハオ

朝鮮語　안녕하세요.　アンニョンハセヨ

タガログ語
Magandang umaga.
マガンダン ウマーガ

ベトナム語
Xin Chào.　シン チャオ

タイ語　ສະບາຍດີ.　サワッディー

ラオス語　ສະບາຍດີ.　サバイディー

ポルトガル語　Bom dia.　ボン ヂーア

スペイン語　Buenos días.
ブエノス ディアス

フランス語　Bonjour.　ボンジュール

ドイツ語　Guten Morgen.
グーテン モルゲン

ロシア語　Доброе утро.
ドーブラエ ウートラ

外国語にも、日本語と同じようにいろいろなあいさつがある。あいさつがわかると、もっとその国のことを知りたくなるかもしれない。そんなときは学校や地域の図書館で調べてみよう。図書委員と協力して、外国のあいさつと本を紹介するポスターをつくるなど「世界の言葉であいさつ運動週間」の取り組みを考えてみよう。

●記録のためのメモを書こう

生活委員ノート用のメモ

〇年〇月〇日　〇年〇組　名前〇〇

・今日の議題　・めあて

・活動のふりかえり

・よかったこと

・気づいたこと

・今日の委員会のまとめ

・わたしの感想

新しい活動につながる

　生活委員の活動に関わることは、自分の学びのためにメモをとっておこう。「生活委員ノート用のメモ」は自分のめあてを立てて、活動をふり返るときに活用できる。

　さらに、28ページの「世界の言葉であいさつ運動週間」の例のように、ほかの委員会と協力しておこなった活動では、おたがいの委員会で読み合わせると、次の活動に役立つよ。

気がついたことを大切に

　学校生活の「安心」「安全」は、毎日の学校生活の中で、当たり前におこなっていることにささえられている。

　生活委員はみんなの学校生活が安心安全で楽しいものとなるようにする役目を果たしているよ。小さな発見や気がついたことをメモに書き、活動のために生かしていこう。

先生からひとこと

生活委員の活動は、いろいろな人と共に活動をするときの基礎（きそ）になるもの。たくさんの小さな積み重ねが、やがて大きな力になりますよ。

まとめメモ

●生活委員は、みんなの笑顔をつくる
●安心して安全に学べる学校にする

29

みんなの委員会活動 ①

福岡県田川市立 大浦小学校
みんなの心をつなぐ
運営委員会

わたしたちが運営委員です！
楽しい学校にしたい！

みんなで協力してバンドをしたい

パンづくりもしてみたいです

● どんな学校？ 大浦小学校

学校のスローガンは「未来を開く社会力を身につけた児童の育成」。みんなが意欲的に学び、あきらめずに最後まで考えて表現できる力と、相手の気持ちや立場を思いやる力を育むことができる学校に、という願いがこめられています。全校児童数は約100人。明治35年（1902年）創立の学校に元気な声があふれています。運営委員会は5、6年生の10人＊で活動中です。

福岡県田川市。人口約4.5万人。明治時代より国の石炭産業をささえ、筑豊における最大規模の炭都としてさかえる。国の指定史跡・筑豊炭田遺跡群はまちのシンボル。

＊取材時（令和5年度）の人数です。

30

●運営委員の仕事①

月目標を考える
学校全体の月目標を話し合います。5、6年生で分かれて決めるので、同じにならないように気をつけます。月目標の校内放送をするときは、きんちょうします！

たくさんの話し合い
運営委員は、話し合うことが多いです。先生もそばで見守ってくれます。運動会や集会の司会（きんちょうするけど楽しいです！）、募金(ぼきん)活動の集計もします。

●今、なりたい自分、チャレンジしたいこと

- だれにでもやさしくなれる人になりたい
- たくさん募金をしたい
- こまっている人を気づかえるようになりたい
- たよれる人にあこがれています
- 英検(えいけん)1級をとりたい
- 消防士(しょうぼうし)になりたいです
- 保育士(ほいくし)さんになりたいです

31

●運営委員の仕事②

「つなぐ集会」の企画

みんながちがう学年となかよくなれるようにおこなう「つなぐ集会」原案の話し合いをします。1年生と6年生が「手をつなぐ集会」、在校生が6年生を送る「夢をつなぐ集会」、そして各学年のつながりを育む「心をつなぐ集会」などがあります。

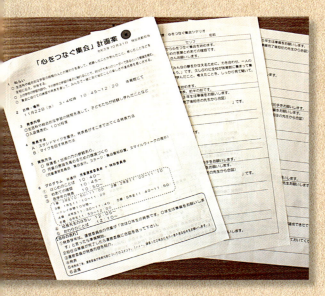

集会の運営

「心をつなぐ集会」をおこなうのは11月。運営委員は、集会の計画案を話し合います。各学年がリーダー学習で学んだことを発表し、おたがいの取り組みを理解してきずなを深める集会です。

●運営委員になりたい下級生にアドバイス

- 発表ではハキハキ話すようにしよう！
- ひとりで考えこまず、みんなで協力したらいいですよ
- 発表で自信がなくても、みんなやさしくアドバイスをくれます
- はずかしがらないことが大切です
- みんなが楽しく過ごせるように考える、いい委員会だよ

心をつなぐ集会を紹介！

大浦小のリーダー学習！

- **1年** 学校探検
- **2年** 1年生と学校探検
- **3年** 校区探検
- **4年** アイマスク車イス体験
- **5年** ボランティア活動 大浦池清掃活動
- **6年** 1年生のお世話 交通安全少年隊

● がんばったね。みんなありがとう！

運営委員会
心をつなぐ集会の原案より
生活科や総合的な学習の時間に「学んだこと」や、人と「関わること」のよさを全校に伝え、みんなで考えたい

心をつなぐ集会

 1年生 【みんなあるあるいいところ】
 2年生 【わたしはみんなのたからもの】
 3年生 【楽しかった校区たんけん～校区の人と出会って～】
 4年生 【だれもがかかわりあえるために～たかもとさんとのであい～】

 5年生 5年生 【エピソード大浦池～美しいふるさとを守り続けるために～】
 6年生 6年生 【つながるって、たのしいね！】

11月22日(水) 4年ぶりに全校が一堂に会して心温まる集会となりました。「どの学年も良かった。」「今日は、とっても心が温まる思いがした。」「涙が出そうになった。」と集会を終えた後、地域の方々、保護者の方々からお言葉をいただきました。有難うございました。

みんなの夢をかなえるために 力を合わせ
ひとりのよろこびを みんなのよろこびにしよう

大切にしたいこと
自分の「生きる力」を信じよう！

市の歴史を語る風景

制作者：日向重博　所蔵：田川市石炭・歴史博物館

先生からひとこと

> それぞれみんなが目標をもってよりよい学校になるよう考えて活動している姿は、まさに学校を引っぱるリーダーでした。素敵な姿を見せてくれてありがとう！

みんなの委員会活動②

東京都利島村立 利島小中学校
地域の伝統を未来へ
児童・生徒会執行部

＊利島小中学校では「児童・生徒会執行部」という名称を用いています。以下、執行部、と表記します。

わたしたちが会長と副会長です！
利島が大好きです

学校のみんながなかよし、友だちです！

＊写真（上）の一部を加工しています。

● どんな学校？ 利島小中学校

学校の教育目標は「よく考え 進んで学ぶ人」「思いやりのある 心豊かな人」「元気に たくましく生きる人」の育成です。明治10年（1877年）開校の利島小学校、昭和22年（1947年）開校の利島中学校が、令和6年（2024年）に義務教育学校9年間の小中学校となりました。全校児童生徒数は24人。海風のわたる学校で、児童・生徒会執行部は9年生の2人で活動中です。

東京都利島村。人口約320人。島の面積の約6割以上は椿林（ヤブツバキ）。江戸時代から幕府におさめていた椿油は、今も大切な伝統産業として守りつづけている。

34

●執行部の仕事①

活動計画の話し合い

学期ごとの活動では、あいさつ運動、道そうじ、全校集会、児童・生徒会誌の発行、ほかの島との交流、焼きいも祭りなど、年間計画表を確かめながら、活動計画をまとめます。引き継ぎ資料を参考にして、先生にも相談して進めます。

中央委員会の司会と進行

中央委員会（代表委員会）は、放送給食委員長、生活保健委員長、美化図書委員長、執行部2人の5人でおこないます。みんなの前で発言することが多いのですが、だんだんなれて自信がつきました。

●今、考えていること、思い出に残っている仕事

- 意見箱をつくりたいです
- 児童生徒、先生の全員をまきこんだ企画をしたいです
- 呼びかけは、みんなの負担にならないようにしたいです
- 「3年生を送る会」はとても思い出に残っています＊
- 開校記念集会は、やりがいがあります

＊令和5年度に中学校を卒業した「3年生を送る会」のこと

35

● 執行部の仕事②

椿の実拾い

利島では伝統的に椿油を生産してきました。「椿の実拾い」は児童・生徒会活動の1つです。10月～2月頃まで毎週1回、お昼休みに学校の近くの椿林でおこないます。子どもや先生と紅白の組み分けをして、実の収穫の競争を提案するなど、楽しくできるように工夫しています。

椿の実拾いのしくみ

カゴに拾い集めた実は選別して、ザルであらいます。干して、よく乾かしたあとは網袋に入れて、製油センターにおさめます。センターでは、島のほかの実と合わせて、ていねいに実をしぼり、良質な椿油がつくられています。

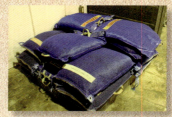

● 執行部になりたい下級生にアドバイス

- はじめてのことが多いですが、自分なりに考えて、いい活動をしてください
- わからないことがあったら、聞いてください
- 計画を話し合うときは、引き継ぎの資料を参考にしてくださいね

椿の実拾いは島の伝統です！

● みんなでカゴに集めました！

みんなで競争して集めました

椿の木は、島に20万本もあります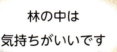

林の中は気持ちがいいです

授業のことを話したり、世間話もしたり

大切にしたいこと
全員が楽しいと思える学校にしたい！

先生からひとこと

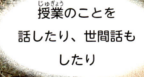

伝統を引き継ぎながらも、積極的に新しいことに挑戦して、よりよい学校を築いてほしいと思います。がんばりましょう！

資料　委員会活動で活用できるシートなどのサンプルです

① 保健委員会による「インフルエンザ予防集会」活動の流れ（例）

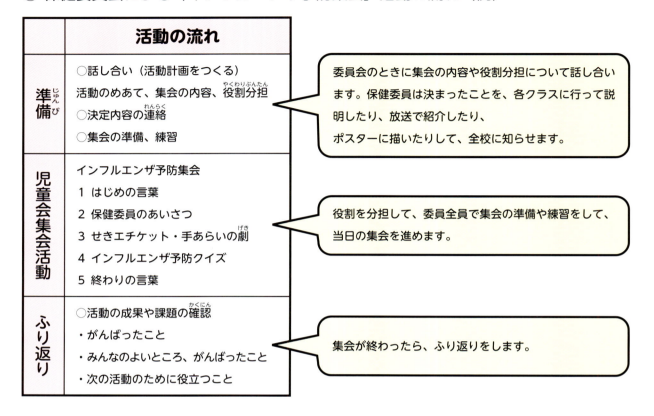

② ふり返りカード（例）

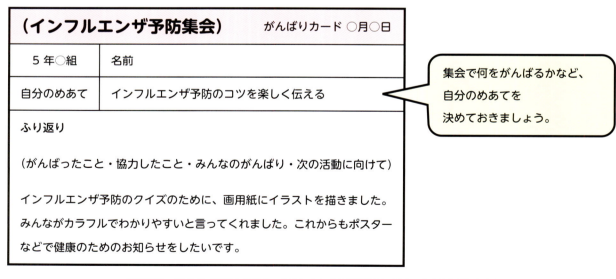

参考資料：『小学校「指導と評価の一体化」のための学習評価に関する参考資料 特別活動／国立教育政策研究所』

自分たちの活動に合わせて、新しい項目も考えてみよう！

さくいん

この本に出てくるキーワードを五十音順に掲載しています

【あ】
- あいさつ運動……………28, 29, 35
- 朝の会………………………………17
- ありがとうカード……………………22
- 委員会ノート…………………19, 25
- 委員長…………………7, 9, 13, 19
- インタビュー…………………………10
- 運営委員（会）……7, 9, 12, 30, 31, 32
- SDGs………………………………25

【か】
- 外国語………………………………28
- 会長……………………………7, 34
- 帰りの会……………………………17
- 係……………………………5, 12, 13
- 学級会……8, 9, 13, 15, 16, 17, 27
- 学級文庫……………………………15
- 学校行事……………4, 12, 19, 22
- 活動計画………………………19, 35
- 企画委員会……………………………7
- 記録のためのメモ……………………29
- クラブ活動……………………………4
- 掲示コーナー…………………6, 16, 17
- 高学年………………2, 5, 7, 14, 19
- 校内放送………………10, 25, 31
- コミュニケーション………………2, 28

【さ】
- 司会………………13, 16, 18, 31, 35
- 司会グループ…………………13, 16
- 実行委員……………………………12
- 執行部………………………34, 35, 36
- 児童集会……………………………18
- 児童・生徒会執行部………………34
- 児童総会…………………………8, 9
- ショート集会…………………………19
- 書記……………………………7, 9

- 新聞委員……………………………10
- 生活目標………………………24, 25
- 世界の言葉……………………28, 29
- 全校集会………………………………9
- 総務委員会……………………………7

【た】
- 代表委員会…………7, 8, 9, 13, 14, 35
- 担任の先生……………………15, 20
- 中央委員会…………………………35
- 中学年……………………………2, 19
- 月目標………………………………31
- 低学年……………………………2, 19
- 伝統……………………………34, 37
- 特別活動…………………………2, 4, 5
- 図書委員……………………………28

【な】
- なんでも相談ポスト………14, 15, 27

【は】
- 副委員長………………………7, 9, 19
- 副会長……………………………7, 34
- ふり返りカード…………………11, 23
- 放送委員……………………………10
- ポスター…………………17, 25, 28

【や】
- 役割分担………………………5, 38
- 呼びかけ……………10, 13, 25, 35

【ら】
- リーダー学習…………………32, 33
- リサイクル活動……………………25
- レクリエーション……………………19
- ロング集会…………………………19

39

[監修]

安部恭子（あべ きょうこ）

帝京大学教育学部教育文化学科教授。埼玉県さいたま市の小学校勤務後、さいたま市教育委員会、さいたま市立小学校教頭勤務を経て、文部科学省初等中等教育局視学官、教育課程課教科調査官、国立教育政策研究所教育課程研究センター研究開発部教育課程調査官、生徒指導・進路指導センター生徒指導・特別活動連携推進官を務める。令和6年4月から現職。主な著書に『特別活動で学校を楽しくする45のヒント』（文溪堂）、『みんなの学級経営（1年〜6年）』（東洋館出版社）『楽しい学校をつくる特別活動 すべての教師に伝えたいこと』（小学館）など。

装丁・デザイン	山田武
イラスト	タニグチコウイチ　あらいしづか
撮影	北川佳奈
校正	鷗来堂
企画編集	岩崎書店 編集部
編集制作	板谷ひさ子

[取材協力]

福岡県田川市立大浦小学校
東京都利島村立利島小中学校
利島農業協同組合 JA利島
田川市石炭・歴史博物館

[写真提供]

p30　集合写真　　p31、33　委員会風景
福岡県田川市立大浦小学校より
p36、37　椿の実拾い風景
東京都利島村立利島小中学校より

よりよい学校をつくろう！

みんなの委員会

1　児童会・学級委員・集会委員・生活委員

2025年3月31日　第1刷発行

監修者	安部恭子
発行者	小松崎敬子
発行所	株式会社 岩崎書店
	〒112-0014　東京都文京区関口2-3-3　7F
	TEL：03-6626-5082（編集）　03-6626-5080（営業）
印刷	株式会社光陽メディア
製本	株式会社若林製本工場

NDC375　29×22cm　40p
ISBN978-4-265-09182-9
©Hisako Itaya 2025
Published by IWASAKI Publishing Co., Ltd.
Printed in Japan

[参考図書・ウェブサイト]

『あそびで育てるクラスづくり』（明治図書出版）
『「指導と評価の一体化」のための学習評価に関する参考資料 小学校 特別活動／国立教育政策研究所』（東洋館出版社）
『小学校版 子供の心を伸ばす特別活動のすべて』（小学館）
『楽しい学校をつくる特別活動　すべての教師に伝えたいこと』（小学館）
『特別活動で、日本の教育が変わる！　特活力で、自己肯定感を高める』（小学館）
『特別活動で学校を楽しくする45のヒント　笑顔あふれる学校にしよう！』（文溪堂）
『学びをつなぐ！「キャリア・パスポート」文部科学省国立教育政策研究所生徒指導・進路指導研究センター編』（光村図書）
『みんなで、よりよい学級・学校生活をつくる特別活動 小学校編 特別活動指導資料／国立教育政策研究所』（文溪堂）

文部科学省国立教育政策研究所 小学校特別活動映像資料　学級活動編
https://www.nier.go.jp/kaihatsu/shidousiryou/sho_tokkatsueizo/
文部科学省国立教育政策研究所 小学校特別活動映像資料　児童会活動・クラブ活動編
https://www.nier.go.jp/kaihatsu/shidousiryou/sho_tokkatsueizo2/
みんなの教育技術　https://kyoiku.sho.jp/

この本の情報は、2025年1月までに調べたものです。今後変更になる可能性がありますので、ご了承ください。

岩崎書店ホームページ　https://www.iwasakishoten.co.jp
ご意見、ご感想をお寄せ下さい。info@iwasakishoten.co.jp
乱丁本、落丁本は小社負担にてお取りかえいたします。

本書のコピー、スキャン、デジタル化等の無断複製は著作権法上での例外を除き禁じられています。本書を代行業者等の第三者に依頼してスキャンやデジタル化することは、たとえ家庭内の利用であっても、一切認められておりません。無断での朗読や読み聞かせ動画の配信も著作権法上で禁じられています。

監修
安部恭子

よりよい学校をつくろう！

みんなの委員会

全**3**巻

1

児童会・学級委員・集会委員・生活委員

2

環境委員・飼育委員・保健委員・給食委員
（かんきょう）（しいく）（ほけん）

3

放送委員・図書委員・新聞委員・運動委員